Werner Färber

Kleine Geschichten von der Nixe Nicky

Illustrationen von Pia Eisenbarth

Loewe

Die Deutsche Bibliothek – CIP-Einheitsaufnahme

Kleine Geschichten von der Nixe Nicky / Werner Färber.
Ill. von Pia Eisenbarth. – 1. Aufl. – Bindlach : Loewe, 1998
(Lirum Larum Bildermaus)
ISBN 3-7855-3241-5

Dieses Buch ist auf chlorfrei gebleichtem Papier gedruckt.

ISBN 3-7855-3241-5 – 1. Auflage 1998

Umschlagzeichnung: Pia Eisenbarth
Redaktion: Anne Grimmer

Inhalt

Nicky mit den grünen Haaren

Eigentlich ist Nicky ein ganz normales . Nicky lacht gerne und ist meist fröhlich. Dass sie grüne  hat, ist heutzutage nicht ungewöhnlich. Aber ist es nicht seltsam, dass Nicky weder  noch 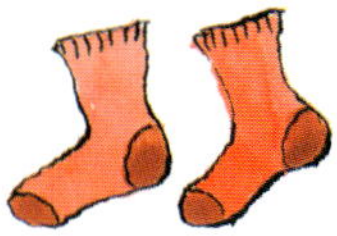 trägt?

Trotzdem geht sie niemals barfuß.

Wer Nicky besuchen will, muss

gut schwimmen und tauchen

können. Nickys  liegt

nämlich mitten im . Direkt

unterhalb der kleinen .

Nickys  ist grün und braun

gestrichen. Man muss sehr genau

hinsehen, um es zu entdecken.

Für alle, die es finden, steht Nickys

 allerdings immer offen.

Die  kommen durch

die 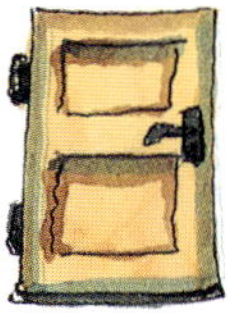 herein und schwimmen

durchs  wieder hinaus.

Nicht weit entfernt lebt der 

in seiner großen .

Übrigens hat Nicky 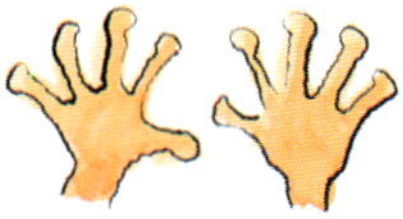 wie ein , und unten herum sieht sie aus wie ein . Nicky hat nämlich keine 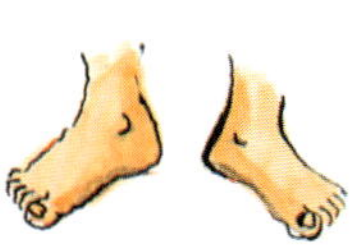, sondern eine breite . Sie ist eine .

Die Nixe und der Angler

Direkt am  steht ein 

.

Auf dem 

ist ganz groß zu lesen: Angeln verboten. Trotzdem entdeckt Nicky heute einen  mit seiner 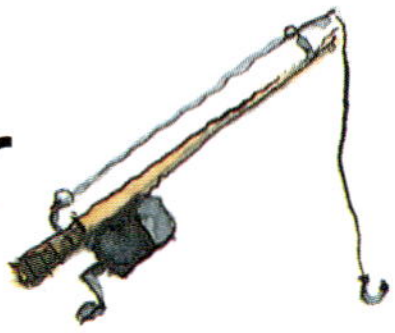 auf dem .

Empört taucht sie zum  und befreit vorsichtig den 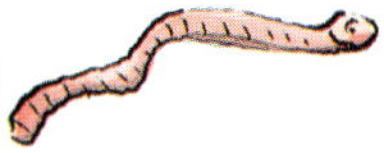.

Doch der  merkt, dass sich

etwas regt. Er zieht an der .

Der  saust knapp an

Nickys 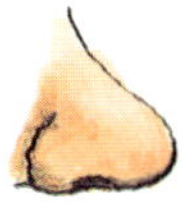 vorbei. Die 

versteckt sich unter dem .

Der  nimmt einen neuen 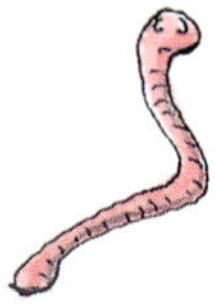 aus dem . Er lässt die 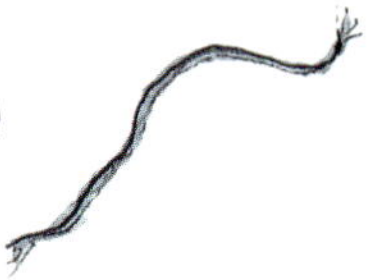 wieder surren. Nicky befreit auch diesen 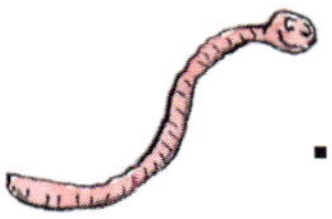. Sie hängt einen alten  an den .

Schwups, saust der  nach

oben. Die  schaut kichernd

zu, wie der  seine 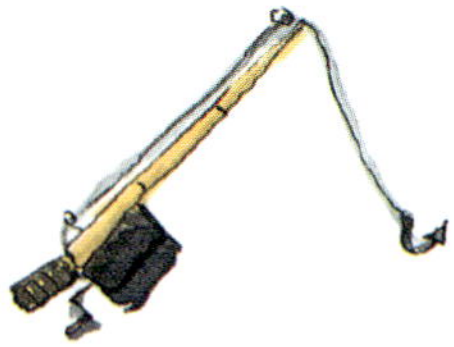

von neuem vorbereitet. Mal

sehen, wer länger durchhält.

Als Nächstes schenkt Nicky

dem  eine verbeulte ,

dann eine rostige  und

schließlich einen löchrigen .

Nicky sucht weiter.

Um einen alten  zu finden,

muss die  durch den halben

 schwimmen. Als der 

den  sieht, hat er genug.

Er packt die  ein und geht.

Nicky ist zufrieden. Der  hat keinen  gefangen. Dafür ist der  so sauber wie schon lange nicht mehr.

Ungeheuerlich

Die  lässt sich auf dem 
treiben. Über ihr kreist ein .
Die  scheint. Im 
quaken die , und
die  schnattern. Kommt da
jemand? Tatsächlich. Nicky sieht
viele  und eine .

Sie stellen ihre  ins .

Ein 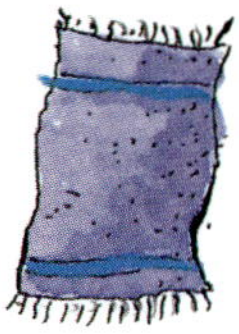 wird neben das

andere gelegt. Die  spannt

einen riesigen  auf.

Die  haben alle   und   an. „Springt nicht kopfüber vom “, mahnt die .

„Der  ist hier sehr flach.“

Nicky versteckt sich hinter ein paar . „Wer zuerst drin ist, hat gewonnen!“, ruft ein . „Wenn ich du wäre, würde ich nicht reingehen“, sagt ein .

„Im  lebt ein grausiger .

Der fängt kleine  und legt sie

in “, flüstert er geheimnisvoll.

Das  erschrickt.

Der  lacht es aus und

hüpft platschend in den .

Die  findet das gemein.

Sie hängt sich 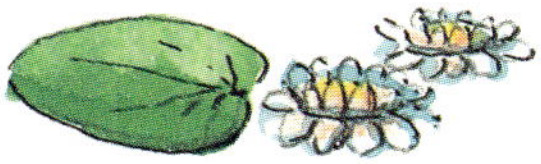 über

den  und schwimmt prustend

und schnaubend auf den  zu.

„Ich bin der grausige  und
suche einen kleinen “,
sagt sie. Der  schreit auf
und flieht. Die  zieht sich
kichernd die  vom .

„Wir  müssen doch

zusammenhalten!“, ruft sie

dem  zu. Und schon ist

sie wieder verschwunden.

Nicky wird eingeladen

Ein fremdes  schaukelt sanft auf dem . Neugierig schwimmt die  heran.

Auf dem  stehen zwei . Der eine starrt mit seinem  auf den . Der andere  schaut durch eine .

„Sucht ihr was?“, fragt Nicky.

„Dich“, antwortet der eine  .

Nicky ist überrascht: „Wieso?“

„Wir wollen einen  drehen“,
sagt der . „Dann kommst
du im .“ „Was soll
ich denn im ?“, fragt
die  gelangweilt. „Du kannst
viel  verdienen“, sagt der
zweite . „Du wirst berühmt.
Die ganze  wird dir zu 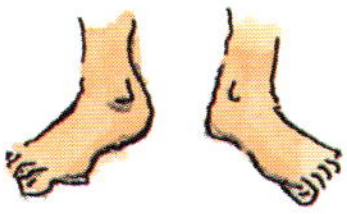
liegen“, fügt der erste hinzu.

„Ich habe keine 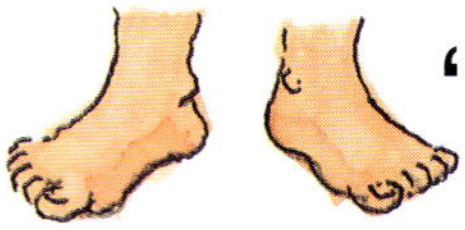“, erwidert Nicky lachend. Die beiden  sehen sich an. Sie greifen nach einem . Die  will fliehen, doch die  sind schneller.

Sie fangen Nicky mit dem 

und ziehen sie aufs .

Nicky wehrt sich. Dem einen 

kratzt sie übers .

Dem anderen beißt die  in die 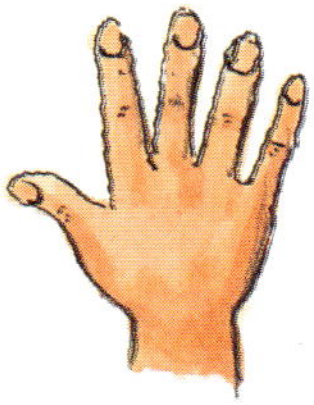 und zerrt kräftig an seinem . Allen beiden haut sie ihre  um die 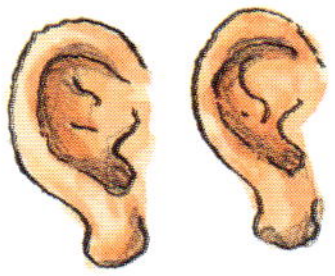, bis sie  sehen.

Die beiden  sind völlig überrumpelt. Schnell befreit sich Nicky aus dem . Sie springt zurück in den  und schwimmt davon.

Willibalds Geburtstag

Der  Willibald wird 250.

„Das muss gefeiert werden“,

denkt Nicky. Sie möchte Willibald

überraschen. „Kommt morgen

früh zu Willibalds 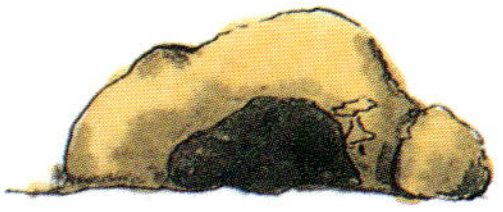 !“, ruft

die  allen   zu. Dann

schwimmt sie den  hinauf.

Die  und der alte 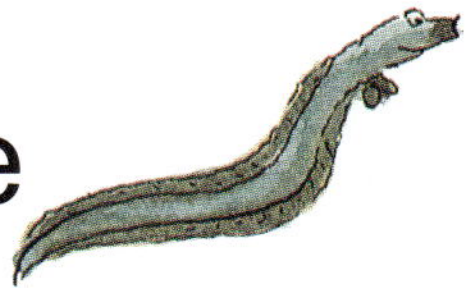

sollen unbedingt kommen.

Natürlich lädt Nicky auch

die  ein. Sie sind zwar

oft mürrisch, aber sie feiern gern.

„Verratet bloß nichts dem  “,

sagt die  . Die 

schwören es bei ihren 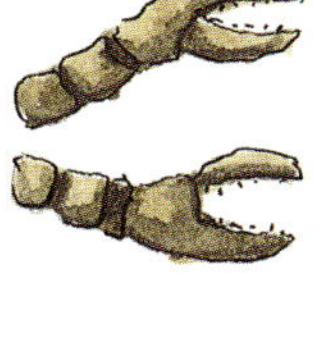 .

Dann schwimmt Nicky heim.

Was könnte sie Willibald nur

schenken? Sie kramt in ihrer

alten  . Die  findet

einen  und klebt ein

hübsches  von sich hinein.

Darüber wird Willibald sich

freuen. Zufrieden legt sich die 

in ihr . Sie schläft wie ein .

Kaum ist es wieder hell, schwimmt

Nicky zur  des .

Die anderen warten schon.

Die  zieht am  und lässt Willibalds  bimmeln. Doch in der 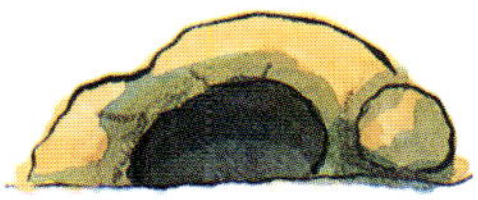 rührt sich nichts.

Vielleicht möchte der  nicht

feiern und hat sich irgendwo

versteckt. „Ho, ho!“, ruft es

plötzlich. „Wer bimmelt da an

meiner  ? Da seid ihr ja alle.“

„Wir wollten dich überraschen“, sagt Nicky fröhlich. „Und dir gratulieren“, murmelt der alte .

„Ich werde aber erst morgen

250“, erwidert der .

„Gerade habe ich euch im

ganzen  gesucht, um

euch alle zu mir einzuladen.“

„Macht nichts, dann feiern wir

eben zweimal“, sagt die  und

überreicht Willibald ihr  .

Überraschendes Tauwetter

Nicky langweilt sich fürchterlich.

Es ist kalt. Schon lange ist

der  zugefroren. Die  ist

einsam. Der  ist verreist,

die  haben sich tief

eingebuddelt und die 

sind noch mürrischer als sonst.

Wenigstens dringt heute mal

wieder die  bis zu Nicky

durch. Über ihr knirscht und

knackt es heftig. Taut es etwa?

Ach nein, es sind nur spielende

 . Fast täglich kommen sie

zum  . Natürlich gut vermummt

mit  ,  und  .

Sie haben  an und

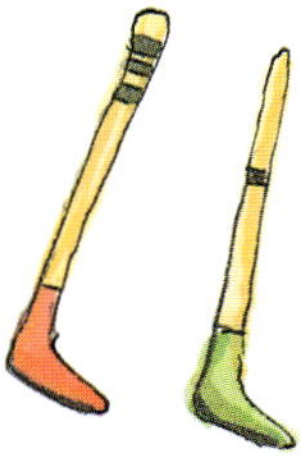 in den 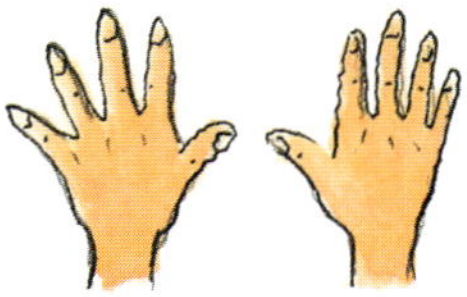. Damit

dreschen sie so lange auf den

runden  ein, bis er im 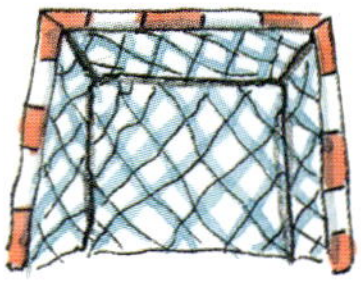

landet. Die  seufzt. Wenn

sie wenigstens mitspielen könnte.

Schon wieder rumpelt es laut.

Sicher ist oben ein 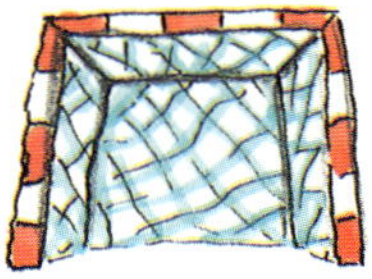 gefallen.

„Hilfe!“, hört Nicky plötzlich einen  rufen. Wie ein  gleitet die  nach oben. Über sich sieht sie strampelnde .  schlagen wild hin und her. Nicky packt zu. „Hilfe!“, schreit der  noch einmal.

Die  schiebt ihn nach oben. Schnell robbt sie durch das 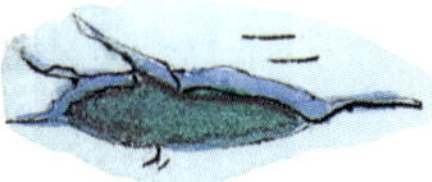 hinterher. „Nicht aufstehen. Sonst brichst du wieder ein“, sagt sie zu dem .

Nicky nimmt ihn an der 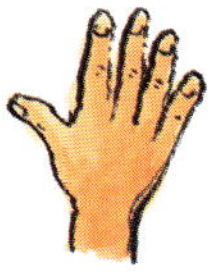

und zieht ihn vorsichtig über

den gefrorenen . Die anderen

 schauen staunend zu.

„Macht nicht solche 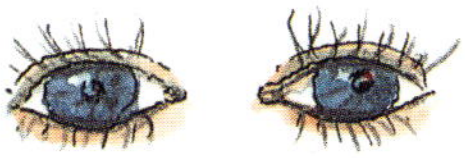 !“, ruft die  . „Bringt den  lieber schnell heim ins  !“ Die  laufen eilig davon. Jetzt erst spürt Nicky die wärmende  .

Tatsächlich. Es fängt an zu tauen.

Die Wörter zu den Bildern:

Mädchen

Haare

Schuhe

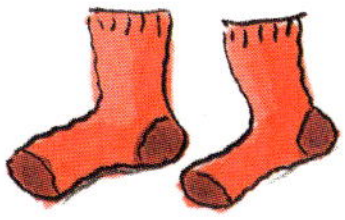
Socken

Haus

See

Insel

Fische

Tür

Fenster

Wassermann

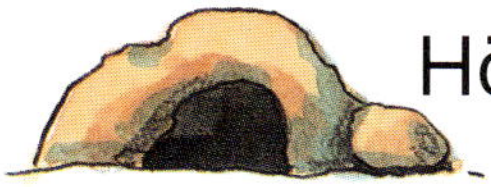
Höhle

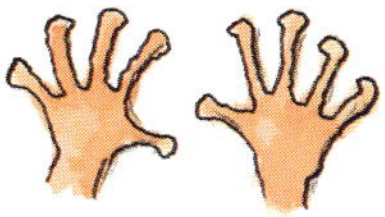
Hände

Frosch

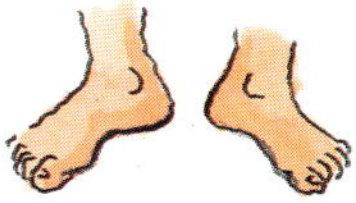
Füße

Flosse

Nixe

Schild

Mann

Angel

Steg

Haken

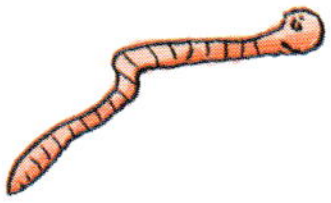

Wurm

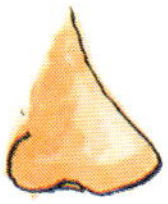

Nase

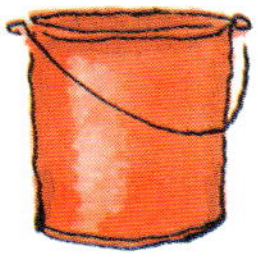

Eimer

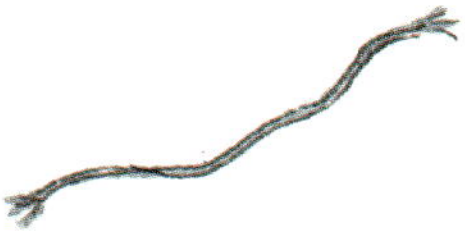

Schnur

Stiefel

Dose

Gießkanne

Topf

Koffer

Vogel

Sonne

Schilf

Enten

Kinder

Frau

Rucksäcke

Gras

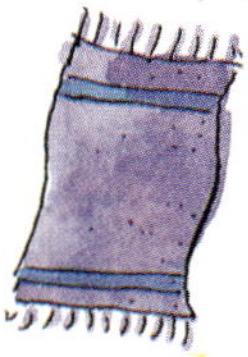
Handtuch

Sonnenschirm

Badehosen

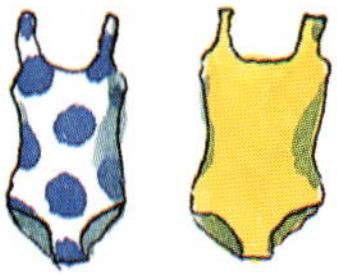
Badeanzüge

Seerosen

Junge

Ketten

Kopf

Schiff

Fernglas

Kamera

Film

Fernsehen

Geld

Aal

Welt

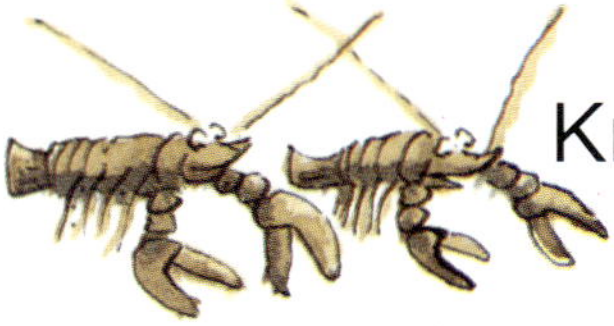

Krebse

Netz

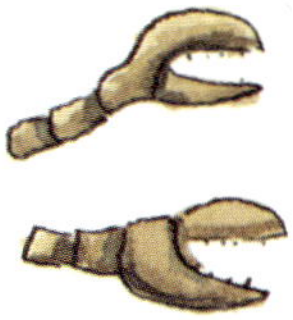

Zangen

Gesicht

Kiste

Bart

Bilderrahmen

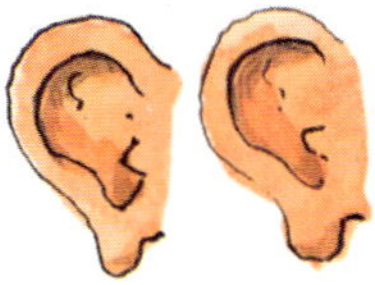

Ohren

Bild

Sterne

Bett

Fluss

Stein

Biber

Seil

Glocke

Mütze

Schal

Handschuhe

Schlittschuhe

Schläger

Puck

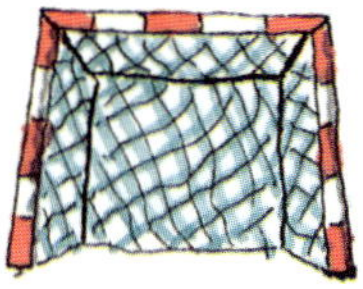

Tor

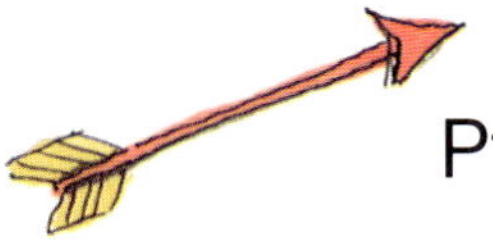

Pfeil

Beine

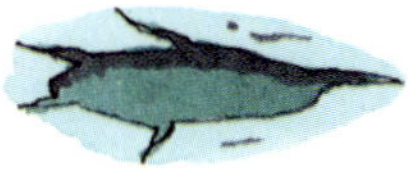

Loch

Augen

Werner Färber wurde 1957 in Wassertrüdingen geboren. Er studierte Anglistik und Sport in Freiburg und Hamburg und unterrichtete anschließend an einer Schule in Schottland. Seit 1985 arbeitet er als freier Übersetzer und schreibt Kinderbücher.

Pia Eisenbarth wurde 1963 in Zweibrücken geboren. Sie studierte Grafik-Design in Wiesbaden und machte sich dann als Kinderbuchillustratorin selbstständig. Pia Eisenbarth arbeitet für verschiedene Kinderbuchverlage und -zeitschriften, aber auch als Grafik-Designerin.

Lirum Bildermaus Larum

Kurze Geschichten rund um eine beliebte Figur

Geschichten von der Hexe Hortense

Geschichten vom kleinen Maulwurf

Geschichten vom Förster Fridolin

Geschichten vom kleinen Weihnachtsmann

Geschichten vom Gespenst Gundula

Geschichten vom Cowboy Billy

Geschichten vom kleinen Polizisten

Geschichten vom kleinen Seehund

Geschichten vom Baggerführer Berti

Geschichten von der kleinen Katze

Geschichten vom Drachen Dragomir

Geschichten vom kleinen Piraten

Geschichten vom Pony Panino

Geschichten von der Tierärztin Tina

Kleine Geschichten vom Feuerwehrmann Florian

Geschichten von den lustigen Zahlen

Kleine Geschichten von der Prinzessin Pia

Kleine Geschichten vom Bären Bruno

Kleine Geschichten vom Clown Coco

Kleine Geschichten vom Igel Ingo

Loewe